Bolsa para Novatos

(Guía Básica Para Aprender A Comprar Y Vender Acciones Con Bajo Presupuesto y Desde 100 euros)

Por Álvaro Asensio

Licencia de uso

¿Quién soy?

Antes que nada, quiero darte las gracias por comprar este libro "Bolsa para novatos", que te servirá como una guía básica para adentrarte en el apasionante mundo de la inversión.

Soy un profesional con varios títulos universitarios, conferenciante e investigador. Soy esposo y padre de dos niños. También soy un activo inversor en la bolsa de valores, que comenzó como tú, desde cero.

Desde siempre me interesó conocer más sobre el mercado bursátil, pero no me atrevía a dar el paso ya que pensaba que era "algo de ricos", como muchos creen. Hasta que finalmente comencé a estudiar y a conversar con inversores experimentados, y entonces comprendí que cualquier persona puede comprar y vender acciones. Además, es muy sencillo invertir una vez dominas los conceptos elementales del negocio.

"Si puedes comprender las matemáticas de quinto grado, entonces puedes invertir". La frase es del famoso empresario e inversionista estadounidense Peter Lynch.

Gracias al maravilloso mundo del Internet hoy podemos invertir en la bolsa desde nuestros hogares y desde cualquier sitio en el cual nos encontremos a través de las aplicaciones móviles.

Ese fue otro incentivo que me motivó a escribir este libro, ya que estoy seguro de que tú puedes convertirte en un exitoso inversor, comenzando en este preciso momento y con el dinero que tienes actualmente.

¿Qué vas a encontrar en este libro?

En este libro lo primero que vas a encontrar son los conceptos básicos del mundo bursátil que todo inversor debe conocer. Me refiero a las definiciones más elementales que necesitas asimilar en tu etapa de iniciación.

Seguidamente, basado en mi experiencia y en consejos de los inversionistas más experimentados, te doy los tips más importantes que debes tener en cuenta a la hora de invertir en acciones.

Después nos adentramos en el tema central el libro: cómo y dónde invertir con bajo presupuesto. Te demostraré que incluso con 100 euros puedes iniciar en este negocio, al indicarte los pasos que debes seguir y en qué sitios puedes comprar y vender acciones con bajo presupuesto.

Conocerás los errores típicos del principiante. Irás más rápido y seguro en el este camino de formación y experiencia que lleva al éxito.

También conocerás el margen tributario que rige al mercado de la bolsa, para entender cuándo y cuánto debes pagar en impuestos.

¿Es posible comenzar a invertir con tan poco dinero? Hay personas que lo han hecho y han tenido mucho éxito, y aquí conocerás estos testimonios que te servirán de referencia y estímulo.

Y, por último, para que amplíes más tus conocimientos en el mercado de la bolsa y entiendas mejor de qué trata este negocio, te explicaré de manera concisa algunas de las corrientes más influyentes en la industria bursátil que han sido la base de los más exitosos inversores de la historia.

Índice de contenido

Bolsa para Novatos

Introducción

Muchas personas tienen la falsa creencia de que solo los ricos pueden invertir en la bolsa de valores. Eso no es más que un mito, ya que cualquier persona puede participar en el mercado bursátil sin la necesidad de grandes sumas de dinero.

Algunos años atrás yo también pensaba que comprar y vender acciones era asunto de millonarios, hasta que comencé a investigar y descubrí que desde mi hogar y con el dinero que tenía en ese momento podía iniciarme en el apasionante mundo de la bolsa.

No te voy a mentir al decirte que me convertí en un experto de la inversión de la noche a la mañana. Al principio me costó un poco tomarle el ritmo al negocio y cometí varios errores típicos de principiante, pero una vez logré entender cómo funcionaba la bolsa de valores, se abrió una enorme puerta delante de mis ojos.

Comprar y vender acciones me ha permitido lograr la estabilidad económica que siempre soñé. Y no le dedico el 100% de mi tiempo a la inversión. Sigo ejerciendo mi trabajo de siempre, el que me apasiona, pero finalmente encontré esa otra gran fuente de ingresos que todos anhelamos. Siendo totalmente sincero: gano más dinero invirtiendo en acciones que con mi profesión. Estoy totalmente feliz con ello, ya que perfectamente puedo realizar las dos actividades de manera conjunta.

Y todo comenzó con menos de 100 euros.

Este libro te aclarará el panorama en tu comienzo como inversor en la bolsa. Deseo guiarte de la mano desde que aprendes los conceptos básicos de este mundillo, hasta que compras tu primera acción. Es mucho más fácil de lo que crees. Solo debes aprender algunos conocimientos y aplicarlos.

Ya sea que quieras ganar más dinero para viajar, ahorrar, disfrutar de una vida más cómoda o asegurar una jubilación placentera, invertir en la bolsa es una gran decisión, y aquí encontrarás todo lo que necesitas saber para invertir en la bolsa con bajo presupuesto.

Capítulo 1

Conocimientos básicos para invertir en la bolsa

"La razón más tonta del mundo para comprar una acción es porque está subiendo"

Warren Buffett

Si estás pensando en invertir en acciones y no sabes cómo empezar, hoy te quiero aclarar el panorama. Muchas personas tienen la falsa creencia de que solamente los ricos pueden invertir en la bolsa de valores, y por eso se abstienen de investigar sobre este interesante campo que podría cambiar radicalmente su situación financiera.

Invertir en acciones ha sido una de las formas más comunes de hacer dinero extra. Muchas personas que decidieron estudiar cómo funciona el mercado y la compra/venta de acciones, han podido hacer tanto dinero como jamás lo imaginaron. Incluso, muchos han logrado amasar una enorme fortuna billonaria.

¿Qué te motiva a invertir? Ya sea que necesites salir de deudas o porque te sobra muy poco dinero a final de mes, invertir en la bolsa es una excelente opción. De igual forma, muchas personas se adentran en el mundo de la bolsa con el objetivo de ahorrar para sus días de retiro. Sin importar la razón por la cual quieres comenzar a depositar parte de tu dinero en las acciones de compañías, es una gran decisión ya que refleja tu espíritu emprendedor.

No obstante, invertir en la bolsa no es algo que puedas hacer sin poseer una serie de conocimientos básicos.

Esa fue la razón por la que decidí escribir este libro: crear una guía básica fácil de entender para los principiantes en la bolsa de valores.

Antes de comenzar a explicarte el paso a paso de cómo invertir en la bolsa con poco dinero, debo iniciar por definir los conceptos básicos que necesita conocer todo inversor principiante. Es importante que te familiarices con estos conceptos antes de que inviertas tu primer dólar.

Ya sé que estás impaciente por saber si realmente se puede invertir en la bolsa con poco dinero. Digamos $100. La respuesta es sí: incluso hay mercados en los que puedes iniciar con menos que eso. Suena muy alentador, ¿cierto? Cuando inicié en mi etapa como inversor tampoco creía que era posible, hasta que descubrí que para comenzar en la bolsa el dinero no es tan importante como conocer muy bien el funcionamiento del sistema.

Así que comencemos.

Términos que debes conocer

Aunque la mayoría de los conceptos se pueden mencionar en español ya que su uso en nuestra lengua se ha hecho común, existen otros términos que no podemos traducir del inglés ya que solamente se usa la versión en anglosajón en el mundo de la bolsa.

- **Bolsa:** Es el lugar donde se unen la empresa que busca financiación, y el inversor, quien tiene el capital para comprar acciones.
- **Agente/trader:** Es la empresa o persona natural que actúa en nombre del cliente en la compra o venta de acciones. En ningún momento el agente será el dueño de la acción.
- **Acciones:** Son las porciones equitativas en las que se divide el capital social de una empresa. Sus dueños se llaman accionistas.
- **Activos reales:** Aquellos que representan bienes tangibles, como metales preciosos, joyas, inmuebles, etc.
- **Activo financiero:** Es un activo que representa el valor de algo más, y le permite a su dueño percibir ganancias en el presente y futuro. No tienen valor físico, sino el valor de lo que están representando. Aquí entran las acciones.
- **Trading:** Es la acción de comprar y vender acciones con el objetivo de recoger un beneficio económico.

- **Broker:** Es la institución que sirve de enlace entre el inversor y la empresa que vende sus acciones. El bróker se queda con una comisión por cada transacción.
- **Averaging Down:** Cuando un inversor compra una acción cuyo valor está descendiendo. Esto hace que el precio de compra disminuya.
- **Mercado a la baja (Bear Market):** Cuando el mercado de acciones se encuentra a la baja, o en un período en la caída de los precios de las acciones.
- **Mercado alcista (Bull Market):** Cuando existe la expectación de que el precio de las acciones se eleve. Es lo contrario al mercado a la baja.
- **Beta:** Calcula el contraste entre la rentabilidad de una acción en comparación con su punto (índice) de referencia.
- **Blue Chip:** Se refiere a las grandes compañías líderes de la industria. Ofrecen un registro estable de pagos de dividendos significativos y tienen una buena reputación en cuanto a la administración fiscal.
- **Day Trading:** La acción de comprar y vender acciones el mismo día, antes del cierre de los mercados ese día.
- **Dividendo:** Es una parte de los ingresos de una empresa que se paga a los accionistas sobre una base trimestral o anual. No todas las empresas lo hacen.
- **Intercambio (Exchange):** El lugar donde se negocian las diferentes inversiones. Los más conocidos son la Bolsa de Nueva York y el Nasdaq.
- **Ejecución (Execution):** Cuando se ha completado una orden de compra o venta. Si has creado una orden de vender 100 acciones, esto significa que las 100 acciones se vendieron.

- **Fondo de cobertura (Edge):** Se utiliza para limitar tus pérdidas. Puedes hacerlo tomando una posición de compensación.
- **Index:** Un Index o índice es un punto de referencia que se utiliza como un marcador para los traders. Un buen index es del 10%.
- **Oferta Pública Inicial:** Es la primera venta u oferta de una acción por parte de una empresa al público.

Existen muchísimos más términos en el mundo de la bolsa de valores, y no podemos definirlos todos ya que necesitaría escribir un libro solo para ello. Estos son los conceptos más comunes que te acompañarán en esta aventura de la inversión.

No te preocupes si no comprendes la mayoría de estas definiciones. Es normal, ya que lo irás asimilando en la práctica. Solo quise dejarte un glosario básico para principiantes al que puedes volver cuando lo necesites para repasar conceptos.

Es importante que tengas en cuenta lo siguiente: aunque hayas leído cientos de libros y asistido a decenas de seminarios sobre cómo invertir en la bolsa, no podrás convertirte en un experto hasta que entres en el fuego con tu propio dinero. Como todo en la vida, el inversor fortalece sus habilidades por medio de la práctica.

Este libro te ayudará a incrementar las probabilidades de éxito y reducir los fracasos. Te voy a dar las herramientas para invertir con pie firme, con todos los conocimientos que necesita poseer un inversor.

Capítulo 2

Consejos fundamentales para principiantes

"El principal problema de los inversores -e incluso su mayor enemigo- suele ser él mismo"

Benjamin Graham

A través de los años han surgido muchas teorías sobre cómo invertir en la bolsa con éxito. Después de comprar y vender acciones con éxito durante varios años - y apoyado en el testimonio de varios famosos inversionistas - llegué a la conclusión de que no existe una única fórmula para el éxito en el mercado de valores. Sin embargo, sí existe una forma correcta y otra errada de hacer las cosas.

No necesitas tener un coeficiente intelectual elevado para triunfar en el mundo de las acciones. Peter Lynch, un reconocido inversor de Magellan Fund entre 1977 y 1990, aseguró que todas las personas tienen la capacidad intelectual para comprender el mercado de valores. "Si puedes comprender las matemáticas de quinto grado, entonces puedes hacerlo", solía decir Lynch.

Para tener éxito en el mercado de las acciones debes estudiar cómo funciona el mercado, entender cuándo es el momento correcto para hacer tus movimientos y seguir los siguientes consejos.

Estos tips son el resultado de una exhaustiva investigación que realicé, basado en algunos de los libros más laureados de la historia sobre inversión en la bolsa, y los consejos de los más grandes inversionistas de todos los tiempos como Lynch, Warren Buffett, Philip Arthur Fisher, entre otros.

1. Establece objetivos a largo plazo

Antes de comenzar a invertir debes tener muy claro tu propósito y para cuándo esperas obtener las ganancias. Te comento esto ya que si estás buscando dinero para el corto plazo, mejor será que inviertas en otro campo.

La volatilidad del mercado de valores no te proporciona ninguna certeza de que tendrás de vuelta el capital que invertiste en poco tiempo. Los expertos aconsejan que el objetivo de la inversión en el mercado de valores sea incrementar las finanzas a largo plazo para poseer mayor estabilidad económica en el futuro, sembrar para la universidad de tus hijos o para disfrutar de una jubilación holgada.

Eso no quiere decir que los frutos de la inversión en la bolsa los verás en la vejez, sino que la mentalidad a largo plazo te ayudará a seguir en la carrera aun cuando las ganancias se demoren en llegar.

2. Comprende tu tolerancia al riesgo

Cada persona tiene diferentes niveles de tolerancia al riesgo, que se refiere a cómo te sientes con respecto al riesgo y al grado de ansiedad que experimentas. Es importante que lo tengas claro a la hora de decidir cuánta cantidad de dinero invertirás, para que este negocio no afecte tu estabilidad psicológica y emocional.

3. Manejar los conceptos básicos

Antes de realizar tu primera inversión, toma el tiempo para aprender los conceptos básicos del mercado. Un viejo adagio dice: no hay mercado de valores, hay mercado de acciones. Lo que quiere decir que tu enfoque siempre debe estar en el valor de las acciones. Estudia el glosario del capítulo anterior y analiza otros conceptos de la bolsa.

4. Diversifica tus inversiones

Quiero tratar este punto con cuidado. Los inversionistas más experimentados suelen tener su dinero en acciones de diferentes compañías, para evitar que el colapso de una firma los lleve a la ruina total. Sin embargo, debe ser un proceso metódico en el que estudies la situación actual y la proyección a futuro de las compañías antes de comprar una acción.

Al comenzar, en tus primeros meses como inversor, lo más recomendable es que pongas todos los huevos en una misma canasta y veas la canasta. Compra y vende acciones de una sola compañía mientras le tomas el ritmo al mercado.

Capítulo 3

Errores típicos del inversor novato

> "En la inversión lo que es cómodo, rara vez es rentable"
>
> Robert Arnott

Cuando comencé a invertir en la bolsa cometí varios errores típicos del principiante. Siempre que aprendes un oficio nuevo vas a fallar en muchas cosas, pero cuando hay dinero involucrado, las consecuencias pueden ser graves.

En mis inicios hice movimientos equivocados, y lo pagué con pérdidas económicas, o dejado ir excelentes oportunidades. Sin embargo, esa experiencia me ayudó a madurar como inversor, y ahora puedo darte estos consejos para que no tropieces con los mismos obstáculos.

1. Postergar

La procrastinación nunca es buena, pero puede ser especialmente perjudicial al invertir ya que los mercados se mueven con mucha velocidad. Si después de hacer una investigación surge una buena oportunidad de inversión, es importante poner manos a la obra.

2. Especular en lugar de invertir

Sabemos que el mercado de la bolsa es muy cambiante y que jamás tendrás una seguridad absoluta sobre el futuro de las acciones, pero eso no es excusa para asumir una postura especulativa que frene tu accionar. Cuando comienzas en este negocio solamente debes fiarte de los patrones, apostar al movimiento que indica la teoría y no seguir a tu "instinto".

3. No hacer preguntas suficientes

Cuando una acción cae mucho en su valor, un novel inversor suele esperar que suba de nuevo. Uno de los factores más importantes en la toma de decisiones del inversión es preguntar por qué. Si un activo se negocia a la mitad del valor percibido por un inversor, existe una razón y es tu responsabilidad encontrar la causa. Si algo no encaja en el comportamiento de una acción, debes buscar la respuesta antes de poner dinero en juego.

4. Invertir de forma frenética

La inversión no es un asunto de cantidad, sino de calidad. Warren Buffett califica como un error invertir sin parar, bajo la creencia de que así aumentarán las probabilidades de éxito. Invertir es un proceso a largo plazo; compras una acción y analizas su comportamiento. Una vez conoces el ritmo de una empresa, entonces puedes comprar acciones en otra compañía.

5. Seguir cualquier consejo

En mis inicios como inversor cometí el error de prestar demasiada atención a los consejos de los analistas e incluso de las noticias que veía en los medios de comunicación. Comprar y vender acciones simplemente porque alguien más lo dice, es un enorme error.

Analiza la situación por tu cuenta, estudia las diferentes variables, y toma una decisión. Es bueno escuchar opiniones de expertos, pero eso no puede determinar tu accionar.

Capítulo 4

Cuándo comprar y vender acciones

"Solo porque la acción suba no pienses que tienes razón. Solo porque la acción baje no pienses que estás equivocado"

Peter Lynch

¿Cuándo comprar una acción?

Para comprar una acción es muy importante el timing. Existen momentos precisos en los que debes arriesgar tu dinero para ver grandes resultados. Al igual que muchos principiantes, al comienzo de mi transitar como inversor pensaba que siempre era un buen momento para comprar una acción. Pero rápidamente me di cuenta de que no era así.

Para comprar una acción debes tener en cuenta estos aspectos:

- **Acciones alcistas:** Es lo lógico, ya que cuando compras una acción que se encuentra dentro de una tendencia a la alta, te sumas al buen momento de la empresa y verás excelentes resultados. El problema es que muchas veces se hace demasiado tarde y cuando compras la acción, su precio comienza a decaer.

- **Acciones a la baja:** Se necesita haber realizado una investigación previa para comprar una acción que se encuentra en tendencia a la baja. Es una apuesta riesgosa, pero da resultados. Veamos este ejemplo: le has seguido la pista a las acciones de la compañía X durante varios meses, y notas que hay un patrón. Conoces hasta qué punto el precio de sus acciones suele descender, antes de volver a subir. Lo que debes hacer es apostar por esa acción cuando esté llegando al límite de caída que por lo general ha registrado, y esperar que comience a subir.

- **El momento justo para obtener ganancias:** Existe un momento muy específico cuando puedes comprar una acción en alza con la certeza de que si baja, podrás venderla a tiempo antes de que pierdas tu inversión. Debes hacerle el seguimiento al movimiento en el valor de esa acción, para que su caída no te tome por sorpresa.

¿Cuándo vender una acción?

Para vender una acción también hay un momento perfecto. Estos tips te ayudarán a saber cuándo debes deshacerte de tus acciones.

- **Acciones sobrevaloradas:** Todas las acciones tienen dos valores: el del mercado y el intrínseco. El valor del mercado es aquel que se muestra como el oficial para la compra y venta. Mientras que el valor intrínseco es su valor real, más allá de lo que determine el mercado. Una acción está sobrevalorada cuando el precio del mercado es mayor a su valor intrínseco. No importa por cuánto lo supere, si esto ocurre, lo mejor que puedes hacer es vender la acción ya que lo más probable es que su valor decaiga.

- **Distribuir la inversión:** Como te comenté anteriormente, jamás debes realizar toda tu inversión en las acciones de una misma empresa. Cuando estás comenzando, puedes hacerlo mientras conoces el mercado, pero después debes comprar acciones en diferentes compañías para evitar perderlo todo con una sola caída. De esta manera, si te das cuenta de que has invertido mucho dinero en una sola empresa, lo mejor es que vendas algunas acciones aunque su precio mantenga una tendencia a la alza. Apuesta por otra compañía que también se encuentre boyante.

- **Riesgos en la empresa:** La bolsa de valores es un mercado muy cambiante, y nada es seguro. Es por eso que debes hacerle un seguimiento casi a diario a las compañías en las cuales has invertido. Muchas veces ocurre que las acciones de una empresa con acciones alcistas se viene al piso por un problema interno de la compañía. Las acciones de una compañía se pueden depreciar cuando surge un escándalo de fraude, también cuando la firma anuncia cambios en su fórmula de trabajar e incluso cuando surgen movimientos en la directiva de la empresa. Cuando el panorama se oscurece en una empresa, lo mejor es vender las acciones.

Capítulo 5

Cómo y dónde invertir con poco dinero

"El éxito en la inversión no se puede explicar en una ecuación matemática o en un programa informático, es un arte"

Seth Klarmam

¡Por fin! Llegamos al capítulo que has estado esperando desde que comenzaste a leer. Te voy a explicar cómo y dónde invertir en la bolsa con poco dinero.

Gracias a la globalización del Internet, cualquier persona puede invertir en la bolsa desde casa. Solo necesitas saber cómo funciona el mercado y una conexión a la red.

Existen varios sitios webs y aplicaciones móviles que te permiten hacerle seguimiento al mercado y a tus acciones desde tu móvil ¡Jamás ha sido tan fácil!

Antes de comenzar a invertir con dinero real, te recomiendo que pruebes con una website o una aplicación móvil de inversión simulada, para que conozcas en qué consiste el oficio de un inversor sin arriesgar ni un céntimo.

Te puedo recomendar *LaBolsaVirtual.com* o la aplicación *Forex Game*, que la consigues tanto en iOS como Android. Son plataformas maravillosas que te permiten aclimatarte en tu nueva faceta de inversor con dinero ficticio. Ofrecen tutoriales sobre cómo funciona el mercado, y cuáles son los pasos que debes seguir para comprar y vender una acción.

Los precios de las acciones fluctúan en tiempo real con empresas verdaderas. Todo es exactamente igual al mercado real, y solo el dinero que inviertes es ficticio.

Después de usar estos programas por un par de semanas, habrás comprobado por ti mismo cuándo es un buen momento para comprar y vender acciones, y qué tanto dinero debes arriesgar en las distintas situaciones.

Sitios para invertir en la bolsa

El Internet ha permitido el nacimiento de diversas páginas webs y aplicaciones móviles que te permiten invertir en la bolsa desde la comodidad de tu casa, y en cualquier lugar donde te encuentres desde tu móvil o tablet.

Estas son algunas de las plataformas que existen (hay muchas más). He probado varias de ellas y me parecen geniales, ya que además de contar con una interfaz intuitiva, ofrecen tutoriales muy completos que te explican paso a paso lo que debes hacer para comprar y vender acciones.

Pro Real Time: No tienes que pagar ni un céntimo para abrir una cuenta en Pro Real Time, aunque solo deberás pagar la tarifa "no profesional" de 22.41 euros como mensualidad.

Plus 500: Esta App ha sido elaborada especialmente para los inversores novatos. Por tanto, te permite al inicio invertir de manera simulada, para después hacerlo con tu propio dinero cuando te sientas preparado. Con esta aplicación no solo puedes realizar transacciones con valores, sino también con materias primas y divisas.

Robin Hood: A diferencia del héroe que le robaba a los ricos para repartirle a los pobres, la App Robin Hood te ofrece una plataforma para aprender cómo invierten los ricos. Desde su interfaz podrás ver el precio de las acciones en tiempo real y hacerle un seguimiento a tus inversiones.

El proceso de compra y venta de acciones es uno de los más sencillos.

Betterment: Puedes usar Betterment ya sea por medio de su App o desde su página web en tu ordenador. Es ideal para los principiantes ya que se concentra en las acciones de bajo coste y además cuenta con asesores que te ayudarán en cada movimiento.

FeeX: Con FeeX desde tu PC podrás evaluar la cotización de las acciones en tiempo real, evaluar tu cartera y especialmente es perfecta para reducir tasas. Cuenta con un sistema muy completo y fácil de usar.

Hay muchas otras herramientas y técnicas que existen para invertir en la bolsa. Si buscas un análisis técnico para aprender sobre los gráficos del mundo bursátil, los patrones, las figuras, y muchos otros conceptos especializados, te recomiendo el afamado libro *"Leones contra Gacelas"* de José Luis Cárpatos.

Capítulo 6.

Casos exitosos de inversión con bajo presupuesto

En el mundo de la bolsa de valores existen testimonios que se han hecho míticos con el paso de los años, de inversores que comenzaron con muy poco dinero y gracias a su astucia en la transacción de acciones lograron reunir una fortuna billonaria.

Podemos mencionar al legendario Warren Buffett, quien inició con unas pocas monedas en el bolsillo, y hoy en día es uno de los cinco hombres más ricos del planeta. O también tenemos el caso de Bruce Kovner, quien pasó de conducir un taxi a poseer un patrimonio neto de $5 mil millones gracias a su inversión en la bolsa.

Además de esos personajes archiconocidos, cuyas historias han sido dignas de libros, también existen muchos casos contemporáneos de personas que comenzaron a invertir con muy poco dinero, y hoy en día gozan de la estabilidad financiera que siempre soñaron. Vamos a mencionar algunos ejemplos, que confirman el enorme potencial de invertir en la bolsa.

Justin Brosseau, del fracaso al éxito

Justin Brosseau era apenas un adolescente cuando se interesó en el mercado bursátil. No tenía mucho dinero, pero ahorrando lo que sus padres le daban de mensualidad, compró acciones en el sector de materias primas.

Debido a la caída de los precios de sus acciones estuvo a punto de perderlo todo. Después reconoció que le faltó experiencia ya que debía vender esas acciones en un momento dado, y no lo hizo por una "corazonada".

Rápido entendió que debía diversificar su inversión y, gracias a ello y a la astucia que fue ganando en este negocio, cerró el año 2015 con ingresos de $17.500. Durante seis meses incrementó su cuenta en $5.000. Si bien no se ha hecho millonario, convenimos que esa cantidad de dinero no le viene mal a nadie. En el mundo bursátil no te harás rico de la noche a la mañana, pero si gozarás de mayor holgura económica.

Brandon Fleisher apostó por las acciones de céntimo

Dentro del mundo bursátil hay algo que se le conoce como 'las acciones de céntimo', aquellas que cotizan las empresas poco conocidas cuyas acciones valen tan poco como céntimos. Este mercado siempre ha existido, pero en los últimos años ha sonado con fuerza gracias al emprendedor Tim Sykes, a quien se le conoce como "el gurú de las acciones de céntimo" por haber creado una fórmula de ganar mucho dinero con estas compañías de menor rango.

Brandon Fleisher es un joven de Canadá que comenzó a invertir en las acciones de céntimo y hoy en día registra una ganancia de 144.000 dólares. Al principio muy pocas personas apostaban por este tipo de acciones, hasta que el éxito de jóvenes inversionistas ha abierto los ojos de muchos.

Mohammed Islam, el prodigio de Nueva York

Mohammed Islam, oriundo de Nueva York, tenía apenas nueve años cuando comenzó a involucrarse en la industria de la bolsa de valores. Empezó con muy poco dinero y poco a poco fue acumulando su riqueza. En el año 2014, después de unas fluctuaciones en el precio de sus acciones, logró amasar una colosal fortuna de $72 millones.

Esa es una cantidad exorbitante, que es muy posible de lograr al invertir en la bolsa, aunque no tan rápido como el caso de Mohammed.

Además de estos tres testimonios, podría mencionar muchos más. Si inviertes en la bolsa de manera inteligente, siguiendo los consejos que has encontrado en este libro y no dejándote de llevar por el "instinto", podrás acumular una gran cantidad de dinero que te permitirá disfrutar de las comodidades que siempre has deseado.

Capítulo 7

Famosas filosofías de inversión

"Para llegar a la independencia económica usted tiene que convertir una parte de sus ingresos en capital. Convertir el capital en empresa; convertir la empresa en ganancia; convertir la ganancia en inversión; y convertir la inversión en independencia económica"

Jim Rohn

Por último, y con el fin de que tengas una base más sólida en los conceptos de la inversión, quiero referirme brevemente a algunas de las corrientes más famosas en el campo de la inversión económica. Estas posturas se estudian en las escuelas de negocios del mundo entero, y es importante que las conozcas ahora que comienzas tu carrera en la industria bursátil. Cuando hables con tus colegas inversores o con gestores de bolsa, podrás lucirte conversando sobre estas teorías. Si así lo deseas, puedes investigar por tu cuenta sobre estas filosofías para que las conozcas mucho mejor.

Inversión en valor (value investing)

Benjamin Graham y David Dodd inspiraron esta filosofía de inversión durante su tiempo de enseñanza en Columbia Business School. La inversión en valor se trata de adquirir valores a bajo precio, menor al valor contable, para recibir altos dividendos.

Warren Buffett es uno de los defensores de esta postura, que invita a comprar una acción cuando su valor esté por debajo de su valor intrínseco. Al adquirir una acción cuyo precio lo más probable es que suba al menos-hasta su valor intrínseco, las probabilidades de sufrir una pérdida se reducen.

Escuela austríaca

La escuela austríaca se remonta a finales del siglo 19 e inicios del siglo 20, cuando se planteó esta corriente de postura individualista metodológico que se conoce como praxeología. De acuerdo a esta corriente, el dinero de ninguna manera es neutral, sino que los beneficios y las tasas de interés se fijan por la relación de una declinante utilidad marginal junto a una productividad marginal del tiempo.

Cuando esta filosofía se aplica directamente al tema económico, se presume que la esencia de las economías está basada en bienes heterogéneos que cuentan con diferentes utilidades. En cuanto a la inversión en la bolsa, la escuela austríaca sabe que resulta imposible anticiparse con el 100% de eficacia a la fluctuación de los precios, y por ello se debe apostar por el patrón más recurrente para así obtener ganancias.

La escuela austríaca ha sido una base para el reconocido gestor de inversiones Francisco García Paramés, a quien se le conoce como el "Warren Buffett español".

"Disponer del marco de referencia económico adecuado representa siempre una ventaja. No en todo momento lo podremos utilizar en el proceso inversor, sin embargo nos ofrece la tranquilidad de conocer las posibles alternativas económicas futuras, a pesar de no saber casi nunca cuál de las alternativas se plasmará en la realidad y, solo algunas veces, nos permite predecir lo que va a ocurrir", indicó Paramés sobre la escuela austríaca, en una entrevista concedida al periódico Cinco Días.

Por cierto que Paramés destaca a la paciencia entre una de las principales virtudes que debe tener todo inversor. Asegura que nadie se hará rico de la noche a la mañana, aunque siguiendo una serie de pasos, se logrará obtener triunfos en el mercado bursátil.

Conclusión

Te felicito por haber terminado el libro "Bolsa para Novatos", que estoy seguro te ayudará en tus primeros pasos dentro de este apasionante mundo de la inversión.

Ahora que tienes las bases para comenzar a comprar y vender acciones, no permitas que el miedo te gane y todo se quede en la teoría. Es hora de asumir el riesgo. Recuerda que solo los valientes hacen sus sueños realidad.

Recuerda comenzar en una plataforma de inversión simulada para te aclimates y aprendas en la práctica los secretos de este oficio. Pero no te quedes demasiado tiempo invirtiendo con dinero ficticio. Después de que te sientas preparado y hayas definido una estrategia clara, compra tu primera acción.

Resumo el libro con este consejo final: No inviertas con el corazón, sino con la cabeza. Compra y vende las acciones en el momento en que la teoría lo indica, como lo aprendiste en este libro. Y sé paciente. Si sigues el camino correcto y no te desesperas, más temprano que tarde comenzarás a recoger los frutos.

El dinero que ganes invirtiendo en la bolsa te servirá para disfrutar de una vida más placentera y feliz, y seguramente quieres lo mismo para tus seres queridos. Piensa en todas las personas que podrían beneficiarse de estos conocimientos, y comparte el libro para que otros también comprendan que cualquiera pueda invertir en la bolsa con poco dinero.

VUESTRAS OPINIONES SI QUE IMPORTAN....Y MUCHO

Querido amigo lector,

Si te ha gustado este libro, por favor, te pido que valores tu lectura en amazon. Para los escritores independientes como yo, que no tenemos el respaldo de una editorial, tener el máximo número de opiniones positivas (con 5 estrellas) en Amazon es importantísimo, pues está demostrado que mejora ostensiblemente la promoción, visibilidad y venta del libro. Así que, si no es mucha molestia, si te ha gustado el libro, te animo a que dejes tu opinión del mismo en amazon. Me ayudará a ser más visible, a mejorar el libro si cabe y que la gente pueda llegar a él.

Un abrazo, Álvaro.

Bibliografía

Si quieres ampliar tus conocimientos sobre el mercado de la bolsa de valores, te recomiendo estos libros de referencia que me han ayudado desde que comencé a invertir, y como base para escribir este libro.

- Benjamin Graham. *El Inversor Inteligente* - 1949.

- Burton Malkiel. *Un paseo aleatorio por Wall Street: La estrategia para invertir con éxito* – 1973

- Peter Lynch. *Un paso por delante de Wall Street* – 1989

- José Luis Cárpatos. *Leones Contra Gacelas* – 2010

- Howard Marks. *Lo más importante para invertir con sentido común* – 2011

- Francisco García Paramés. *Invirtiendo a largo plazo* – 2016

52328612R00026

Made in the USA
Columbia, SC
01 March 2019